INTRODUCCION A
MIGUEL ANGEL

Robin Richmond

CELESTE EDICIONES

En la otra página:
Autorretrato de Miguel Angel
en una luneta de la Capilla Sixtina.

En cubierta y contracubierta:
Fragmentos de la Capilla Sixtina.

Para Saskia con amor

Título original: *Introducing Michelangelo*
© 1992, Nippon Television Network Corporation
© 1992, Texto Robin Richmond
© 1992, Texto Television Network Corporation
© 1992, Belitha Press Limited

Primera edición en castellano:
Copyright © CELESTE EDICIONES, S. A., 1993
C/. Fernando VI, n.º 8, 4.º 28004 Madrid
Tels.: (91) 310 08 96 - (91) 310 15 60
Fax: (91) 310 04 59

Traducción: Paloma Farré Díaz

ISBN: 84-87553-39-7

Impreso en Singapore · Printed in Singapore

Créditos fotográficos

Romano Cagnoni: pág. 21
Nippon Television Network Corporation, Tokio, Japón
   cubierta y contracubierta, págs. 3, 22, 24/25, 26, 27, 28,
   29, 30
Scala: págs. 6, 7, 8, 9, 10, 11, 12, 13, 14, 15, 16, 17, 18, 19,
   20, 22 y 23 (intercalado), 23
Teylers Museum, Haarlem: pág. 1
Twentieth Century Fox: pág. 24

El montaje fotográfico usando imágenes de Scala de las
   páginas 4 y 5 ha sido realizado por Ian Pickard.

Contenido

¿Quién fue Miguel Angel?

Miguel Angel fue uno de los artistas más famosos de todos los tiempos; incluso hay personas que piensan que ha sido el más grande de todos ellos. Esto es algo que tendrás que decidir por ti mismo.

Fue un hombre que creó un arte maravilloso en un momento cumbre de la historia. Su fuerte personalidad le hacía ser amado u odiado por los que le conocían, pero su arte tenía tal poder que incluso sus enemigos le admiraban y respetaban. Vivió intensamente y fue testigo de grandes cambios. Su obra nos muestra su mundo interior, sus alegrías y penas que reflejan el mundo cambiante que le rodeaba.

Contemplar la obra de Miguel Angel nos ayuda a comprender cómo se vivía hace más de 400 años; pero también nos habla de nosotros, tan profundamente como en el momento en que se creó, porque ¡ha cambiado tan poco la gente a lo largo de la historia! Aunque Miguel Angel murió hace ya mucho tiempo, aún podemos contemplar su obra y entenderla. Podemos aumentar el placer que nos causa si conocemos algo acerca de su vida.

4

5

Juventud

Miguel Angel era hijo de Ludovico Buonarroti Simoni y Francesca Miniato del Sera. Nació el 6 de marzo de 1475 en la pequeña localidad de Caprese, cerca de Florencia. Su madre era muy joven y delicada y le resultaba muy duro cuidar de Miguel Angel y de su hermano mayor Leonardo. La vida era muy difícil para la familia Buonarroti. El padre de Miguel Angel era un *dolce farniente*, un inútil gentilhombre que perdió su trabajo como alcalde de Caprese poco después del nacimiento de Miguel Angel.

Francesca, la madre de Miguel Angel, era tan joven que le resultaba muy duro criar a sus dos pequeños y exigentes hijos. Entregó al pequeño Miguel Angel a la esposa de un cantero para que lo cuidara. Fue por esto por lo que Miguel Angel pasó gran parte de su infancia lejos de su hogar y de sus padres. Quizás esto le convirtió en un hombre con dificultades para confiar en la gente y demostrar libremente sus sentimientos.

Miguel Angel pudo haber pensado en su propia madre, a la que apenas conocía, mientras contemplaba esta pintura de una madre con su hijo en Florencia. De *La distribución de los Justos de la Iglesia*, 1425, obra de Masaccio (1401-1428).

Se desconoce al artista que pintó estos niños, pero nos da una idea de cómo vestían los niños en la Florencia del siglo XV, cuando Miguel Angel estaba creciendo. Representan un fragmento del cuadro *El Juego del Mochuelo*, anónimo.

IL TREBBIO

Pintura del siglo XVI de la Villa del Trebbio, una de las mansiones de la familia Medici, que ejerció gran influencia en el Renacimiento florentino en el que Miguel Angel creció (ver arriba). Estos apoyaron todo lo referente a pintura, escultura, literatura y música.

Los jóvenes acudían a la corte de Lorenzo el Magnífico, en el centro de la vida florentina, con la esperanza de ser aceptados a su servicio. Miguel Angel sería uno de ellos. *Canonización de Santa Catalina de Siena*, de Pinturicchio (1453-1513).

Hubo otro aspecto de su desarrollo sobre el que Miguel Angel bromeaba al final de su vida siendo un famoso escultor. Su amor por la piedra, decía, provenía de la leche de la mujer del cantero que le crió cuando era un niño. No procedía de una familia de artistas y quizás se preguntara por el origen de su talento.

Ciertamente, no lo heredó de su padre. Ludovico era incapaz de concentrarse en cualquier cosa demasiado tiempo y casi nunca consiguió retener su propio puesto de trabajo tras perder el puesto de alcalde de Caprese. La pobre Francesca tuvo tres hijos más antes de morir en 1481, cuando Miguel Angel apenas tenía seis años. Mucho tiempo después, cuando Miguel Angel era famoso, hizo grandes sacrificios para ayudar a su padre y hermanos. En el siglo XVI, poseer gran fama no proporcionaba grandes riquezas, ¡como parece suceder hoy día!, pero él siempre se las arreglaba para enviarles dinero.

Florencia y el Renacimiento

Miguel Angel fue muy afortunado al crecer en Florencia. Esta elegante ciudad era el centro artístico de Europa en el período de la historia que conocemos como *Renacimiento* (que significa «renacer» y que se caracteriza por el redescubrimiento del pensamiento, el arte y la literatura clásicos).

Entre 1450 y 1550, Florencia fue como un volcán, estallando con sus ideas y energía nuevas. Artistas, pensadores, políticos, escritores, poetas y científicos se reunieron y hablaron de igual a igual. Se inspiraban en los antiguos escritores griegos, que fueron los primeros en sentar los principios de las matemáticas y la filosofía. Hombres como Arquímedes (287-212 a.C.) y Platón (427-347 a.C.) fueron sus guías.

El mapa «Catena», dibujado entre 1470 y 1490, muestra las mejoras que el pueblo de Florencia llevó a cabo en la ciudad, ensanchando las calles y creando impresionantes edificios públicos. Los florentinos pretendían hacer de la ciudad misma una obra de arte.

En 1459, Benozzo Gozzoli (1420-1497) pintó a los príncipes comerciantes de la familia Medici en todo su esplendor e influencia, en la capilla del Palacio Medici de Florencia. Los Medici son representados como los Reyes Magos visitando al niño Jesús.

Al mismo tiempo que la miseria reinaba en Florencia, las familias nobles y comerciantes se enriquecían cada vez más. Florencia, situada en la parte más fértil de lo que hoy es Italia, y no demasiado alejada del mar, tenía mucho a su favor. Los bancos de la ciudad, situados en el centro de Europa, prestaban dinero a lo largo y ancho del mundo. Esta riqueza provenía de la agricultura y la ganadería porque la tierra era muy buena. Florencia pudo comerciar con sus propios productos (pieles finas, sedas, hierbas y especias, tintes, arroz y vegetales) en el resto del mundo y eso generó riqueza. Donde hay mucha riqueza, normalmente hay arte porque la gente rica quiere invertir su dinero.

El aprendizaje del artista

Estudio del Artista, de Poppi, cuyo verdadero nombre era Francesco Morandini (1544-79). Fue llamado «Il Poppi» en el pueblo de la Toscana del que procedía.

Miguel Angel quería ser artista. Ludovico, su padre, no estaba de acuerdo. Este envió a Miguel Angel al colegio cuando tenía siete años. Pero el empecinado Miguel Angel se escabullía a menudo para dibujar cualquier cosa. Todo lo que quería era ser admitido en una *bottega*, un taller donde un hombre joven podía aprender las técnicas artísticas con un tutor o maestro. Finalmente, cuando tenía trece años, doblegó la resistencia de Ludovico y pudo ingresar en el taller de pintura de los hermanos Ghirlandaio. El contrato se firmó en presencia de un decepcionado Ludovico, estipulando que el joven Miguel Angel podía permanecer tres años en el taller. A cambio, debía obedecer a sus maestros en todo, sin importar lo pesado o estúpido que pareciese. Pero la *bottega* era un lugar emocionante para un joven artista. El

El Estudio del Artista, de Giorgio Vasari (1511-74)

Durante su aprendizaje, Miguel Angel se formó en el arte de la pintura «al fresco», que más tarde aplicó en el techo de la Capilla Sixtina (ver páginas 25 y 28-29). Miguel Angel probablemente aprendió cómo cortar y esculpir mármol de Bertoldo de Giovanni, el cual estaba a cargo de la colección de esculturas de Lorenzo el Magnífico. Bertoldo, cuando era joven, fue pupilo y ayudante del gran escultor del siglo XV Donatello.

maestro le enseñó todo lo que sabía y todo lo que a su vez había aprendido de su propio maestro. Era como una universidad de arte. El talento de Miguel Angel pronto fue obvio para los hermanos Ghirlandaio. Estaban tan impresionados con él que, en lugar de cobrar sus lecciones, ellos le pagaban a él.

Cuando Miguel Angel tenía quince años rompió su contrato. Probablemente estaba aburrido porque pensaba que ya lo había aprendido todo de sus maestros. Miguel Angel nunca fue un hombre demasiado modesto. Consideraba que ya conocía todos los secretos de la pintura, aunque decía, lo creyera o no realmente, que no era demasiado bueno. Muchos años después decía a un amigo, «Yo no soy pintor». Pero su obra demuestra su equivocación.

Convirtiéndose en escultor

Miguel Angel quería aprender escultura. Los artistas del Renacimiento admiraban el arte de las antiguas Grecia y Roma, tanto como las ideas filosóficas de los «antiguos». El trabajo de los escultores clásicos griegos era muy realista y maravilloso. Curvadas figuras cuyos músculos de piedra parecían tan reales que hacía sentir calor al tacto, estando esculpidas en frío mármol. Miguel Angel apreciaba la forma en que las estatuas griegas parecían reventar la piedra como para librarse de sus cadenas.

El único lugar para estudiar escultura antigua era el jardín del gran príncipe de Florencia, Lorenzo de Medici. Un anciano escultor llamado Bertoldo de Giovanni (discípulo del Gran Donatello) estaba empleado por el opulento príncipe para cuidar su preciada colección de escultura.

12

A los diecisiete años, en 1492, Miguel Angel esculpió esta dislocada y poderosa batalla entre griegos y centauros, legendarios animales mitad hombre, mitad caballo.

Hay una historia que cuenta que cuando Miguel Angel tenía quince años, estaba copiando una antigua escultura que representaba la cabeza de un fauno, mitad hombre y mitad animal, en el jardín de esculturas de Lorenzo de Medici. Cuando Lorenzo vio la obra, comentó que la cara del fauno era de viejo, pero que tenía todos sus dientes como si fuese joven. Entonces, Miguel Angel hizo que pareciera que uno de los dientes se hubiera caído y Lorenzo quedó tan encantado e impresionado que Miguel Angel pasó a ser uno de sus favoritos. El fauno en esta pintura podría ser una copia del trabajo perdido de Miguel Angel.
Lorenzo el Magnífico y sus artistas, de Octavio Vannini (1585-1643).

Miguel Angel fue presentado a Lorenzo de Medici e inmediatamente conquistó al anciano. Este le presentó a los más grandes pensadores de aquel tiempo y también impulsó el propio trabajo de Miguel Angel. Esta fue una época dorada en la vida del joven Miguel Angel. Hambriento de conocimiento, Miguel Angel escuchaba atentamente cada palabra del príncipe y éste se fue convirtiendo en un padre para él. Miguel Angel aprendió cómo vivían los ricos y cómo gastaban el dinero, y cayó en la cuenta de que todo artista necesita alguien que pague por sus trabajos!. Lorenzo fue el primer patrón (o empleador) de Miguel Angel y también su más querido amigo. Quizás Lorenzo fue el verdadero buen padre que Ludovico nunca había sido.

El talento de Miguel Angel para esculpir fue pronto obvio para todos y causó algunas envidias. Su amigo y condiscípulo Pietro Torrigiano, tenía tanta envidia que un día le dio un puñetazo en la nariz. Se la rompió y dejó al pobre Miguel Angel la típica nariz de boxeador profesional que le hace tan reconocible en sus retratos.

Lorenzo de Medici murió en 1492. Miguel Angel quedó triste y melancólico y, en esta época, su inspiración para el trabajo fue menor.

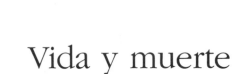

Vida y muerte

Lo que Miguel Angel hizo después puede parecer extraño. Se dirigió al hospital del monasterio del Santo Espíritu, en Florencia. Pero no para trabajar con los vivos, sino con los muertos. Al igual que otros grandes artistas del Renacimiento, como Leonardo Da Vinci, Miguel Angel se ayudaba con el examen y la disección de cadáveres. Lo aprendió todo acerca del funcionamiento interno

Los eruditos todavía no están seguros de que Miguel Angel tallara este crucifijo *(arriba)*, en 1492. Si es así, lo hizo para el Prior, cabeza monástica del hospital del Espíritu Santo, que le permitió estudiar y dibujar los cadáveres que llegaban al hospital.

En el círculo de la izquierda, en primer plano de este mapa de Roma del siglo XVI *(derecha)*, hay una imagen de la loba que crió a los gemelos Rómulo y Remo, abandonados en el páramo siendo niños. Se dice que sobrevivieron gracias a esta adopción. De acuerdo con la leyenda, cuando crecieron fundaron Roma.

El Barbudo Cautivo (página siguiente, arriba) es parte de la escultura inacabada para la tumba del Papa julio II. En ella se pueden apreciar casi todos los músculos del cuerpo.

del cuerpo humano (anatomía), los músculos, los órganos y el esqueleto. Esto le proporcionó un conocimiento de la forma en que vivimos y morimos. Este intenso estudio le ayudó a superar una mala época de su vida pero, más aún, lo que aprendió se aprecia en cada obra de arte que hizo después de ese momento. Enfermo del corazón y aburrido de Florencia, Miguel Angel se alegró de ser requerido en Roma en 1497. En este momento Roma no era la principal ciudad artística, pero tenía algo vital para la vida de los jóvenes y ambiciosos artistas. Dentro de las antiguas puertas de Roma, existía otra ciudad. La Ciudad del Vaticano es el centro de la religión católica romana y el Papa, su líder espiritual, vive en ella. Miguel Angel sabía que un día tendría que ir a Roma a trabajar, pues la Iglesia era muy rica y Miguel Angel necesitaba opulentos patrones para pagar el caro mármol.

Las grandes *Pietàs*

El Cardenal Jean Bihères de Lagraulas quería que Miguel Angel hiciera una estatua para una tumba. Miguel Angel estaba encantado con este importante primer encargo de la Iglesia, pero le disgustaba tener solamente un año para finalizarlo. Resultó que el Cardenal murió antes de que estuviera acabada. Una estatua como la *Pietà* (abajo) es demasiado compleja, incluso para el más hábil artista, como para terminarla en un solo año. La *Pietà* (que en italiano significa piedad) representa a la Virgen María con Cristo muerto yaciendo sobre su regazo. Es una obra de arte asombrosa para un joven de veintitrés años. La delicadeza de la talla nos hace olvidar que lo que vemos es mármol y no paño. Los pliegues de la capa de María, como si no pesasen, parecen levantarse con la brisa. Observa atentamente el fajín de la Virgen. Se aprecia la firma de Miguel Angel.

La *Pietà de Florencia (página siguiente)* atormentó a Miguel Angel. Trabajó en ella durante años (desde 1547) pero nunca creyó haber conseguido la perfección.

Cuando esta *Pietà* (la Virgen con el cuerpo de Cristo tras la Crucifixión) fue colocada en la iglesia papal de San Pedro de Roma en 1497, nadie podía creer que un artista tan joven como Miguel Angel la hubiera realizado. Una anécdota cuenta que Miguel Angel se enfadó y entró a hurtadillas en San Pedro en plena noche para tallar su nombre en el fajín de María. Esta es la única obra que Miguel Angel firmó en toda su vida.

Miguel Angel estaba descontento con esta estatua. El mármol usado tenía faltas, y le disgustaba hasta su propio trabajo. Su irritación era tal que destrozó el brazo y la pierna. Es una lástima que no esté completa pero este arranque de mal genio hace que Miguel Angel parezca humano y comprensible.

En la *Pietà Rondanini* (abajo), esculpida al final de su vida, se aprecia un enorme cambio en los sentimientos de Miguel Angel hacia sí mismo. Las figuras son mucho menos claras, pero emanan un terrible sentimiento de aflicción y debilidad. Miguel Angel trabajó durante años en esta última estatua. Nunca la terminó, estuvo trabajando en ella seis días antes de morir a los ochenta y nueve años.

La *Pietà Rondanini (derecha)*, comenzada en 1555 y nunca concluida.

Es interesante comparar tres estatuas diferentes de Miguel Angel sobre el mismo tema. El artista expone sus sentimientos acerca de la vida en su trabajo y, estudiando su obra atentamente, casi se puede leer su mente.

La primera *Pietà*, de 1497 (izquierda) es grácil e inocente. María y Cristo parecen jóvenes e inmaculados pese a la tragedia de la muerte.

En cuanto a la *Pietà* comenzada en 1547 (arriba), fue tallada aproximadamente cincuenta años después. Vemos que el Cristo muerto parece viejo y lastimado por su vida en la tierra. La figura que lleva Cristo hasta la tumba es el propio Miguel Angel. Puedes ver la nariz rota y el ánimo decaído de un hombre mucho más viejo y triste.

El *David* de Miguel Angel

Miguel Angel regresó a Florencia para llevar a cabo su siguiente encargo, la obra que le haría realmente famoso. Los líderes políticos de Florencia querían celebrar la nueva paz que reinaba en la ciudad. Pidieron a Miguel Angel que esculpiera una estatua de *David*, uno de los jóvenes héroes más famosos de la Biblia.

La estatua de *David* mide más de 4 metros de altura y se encuentra actualmente en la galería de arte de la ciudad, aunque entonces embellecía la plaza principal de Florencia. Representa a David con su honda, dispuesto a acabar con el malvado gigante Goliat. El *David* es muy parecido a las antiguas estatuas griegas del jardín de esculturas de Lorenzo de Medici que tanto gustaban a Miguel Angel, aunque mucho más grande. Fíjate en cómo Miguel Angel hizo la cabeza y las manos demasiado grandes con respecto al cuerpo.

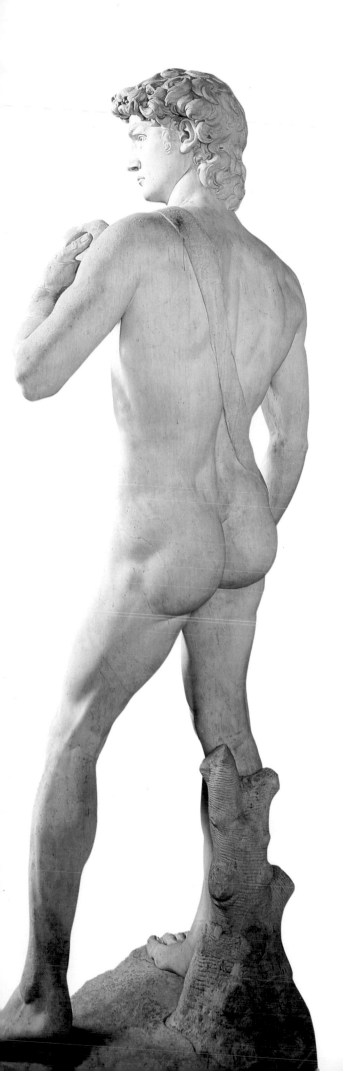

David (1501-1504)
El detalle de la cabeza de David *(página anterior, abajo)* muestra la frente fruncida y la expresión resuelta del joven muchacho, que fue interpretado por el pueblo de Florencia como la representación del orgullo que sentían por su gran ciudad. La dignidad de la estatua simbolizaba la dignidad de Florencia.

Es improbable que se tratara de un error. Miguel Angel conocía el cuerpo humano y sus proporciones desde sus estudios en el hospital del monasterio. Probablemente pretendiera recordarnos que el David de la Biblia era un joven cercano a la madurez. Los muchachos de esta edad están a menudo desproporcionados, debido a los rápidos cambios que sufren sus cuerpos.

En 1505, Miguel Angel fue llamado de nuevo a Roma. Su vida, tras este viaje, cambiaría para siempre. El Papa, Julio II, tenía un proyecto para el joven y ambicioso escultor florentino. Julio II quería construirse un monumento en su honor. Quería una tumba con más de 40 estatuas esculpidas en el mejor mármol. La quería tan grande como las tumbas piramidales de los faraones del antiguo Egipto.

Miguel Angel volvió a Roma en 1506. Presenció uno de los más excitantes descubrimientos arqueológicos de la historia del arte. En el pasado, el Imperio Romano se había extendido sobre gran parte de Europa y el Este. Los ejércitos romanos habían tomado muchos tesoros del arte griego y los condujeron en barco junto con algunos

En enero de 1506, un hombre cavando en sus viñedos en Roma, encontró una gran brecha en la tierra. Oculta bajo tierra se encontraba una antigua y famosa estatua griega. Se la llamó *Laoconte* por un hombre del que se dijo que enojó a los dioses. Estos se vengaron enviando desde el mar serpientes para que devoraran a sus hijos, tal como se aprecia en la estatua.

escultores griegos, hasta Roma. Las estatuas de la Grecia clásica eran muy admiradas por los romanos y también por Miguel Angel. Esto se puede apreciar en la estatua de *David*.

En 1506 la más grandiosa estatua de Rodas (una isla alejada de la Grecia continental) fue desenterrada en Roma, en la plaza donde, más de mil años antes, había vivido el emperador Nerón en un espléndido palacio. El *Laoconte*, esculpido por tres artistas en el siglo I a.C., inspiró a Miguel Angel, que lo declaró un «milagro».

Los cortadores de mármol han estado trabajando durante siglos en Carrara, Italia, separando enormes pedazos de piedra de la montaña, y aún lo hacen. Para escoger la piedra de la tumba de Julio II, Miguel Angel vivió en esta cantera durante ocho meses sin otra cosa que su caballo, un par de trabajadores y algo de comida.

Miguel Angel contra el Papa

Las cosas no iban del todo bien en el trabajo de Miguel Angel. Después de todo el tiempo que había pasado felizmente en Carrara escogiendo mármol y haciendo dibujos, ¡el Papa cambió de opinión!. El Papa Julio II decidió que la Iglesia de San Pedro necesitaba ser reconstruida y la tumba ya no era tan importante.

Miguel Angel se enfureció. Todo el trabajo para nada. Nunca pudo olvidar esta desilusión y estuvo pensando en la tumba durante más de cuarenta años. No era un hombre que olvidase fácilmente y tomaba su arte muy en serio.

Pero esto no supuso el final con el Papa Julio ni con el Vaticano. Se puede decir que obtuvo su venganza en el edificio que le impidió trabajar en su grandioso sueño de la tumba. Al final de

Estas reconstrucciones muestran cómo hubiera quedado la tumba en los diferentes estadios si se hubiera completado.

Autorretrato de Miguel Angel pensativo, de la luneta (que es una pintura sobre una ventana) de *Azor* y *Sadoc*, en la Capilla Sixtina.

A.
El ambicioso plano original de 1505.

B.
El aún descomunal pero más moderado plan de 1513.

22

su vida, se convirtió en un arquitecto famoso y diseñó la cúpula de San Pedro (mostrada en la página 5), casi cincuenta años más tarde. La cúpula que hoy podemos contemplar se basa en sus diseños. Miguel Angel dejó su huella tanto en el interior como en el exterior del Vaticano. San Pedro se puede contemplar desde los tejados de Roma. Forma parte del paisaje romano.

Las relaciones entre Julio II y Miguel Angel no fueron fáciles. Ambos eran hombres caprichosos y cabezotas que estaban acostumbrados a hacer las cosas a su manera. Los pasillos del Vaticano, silenciosos normalmente, resonaban con sus disputas. Pero, aunque discutían, se respetaban mutuamente.

Este retrato del Papa julio II fue pintado en 1512 por otro gran artista del Renacimiento, Rafael (1483-1520).

C.
El tercer plan de 1516.

D. El quinto plan de 1542.

¡Observa que el número de estatuas disminuye cada vez más!

El encargo para pintar el techo de la Capilla Sixtina

Una reconstrucción de la película *La Agonía y el Extasis*, muestra lo que hubiese supuesto ayudar a Miguel Angel. Los aprendices están suspendidos en altos andamios. Ayudan a mezclar colores y a lavar pinceles.

Miguel Angel tenía que obedecer al Papa y cuando Julio le pidió que repintara el techo de la Capilla Sixtina del Vaticano, no pudo rehusar. Miguel Angel sugirió al Papa que eligiera a cualquier otro para el trabajo. El Papa hizo caso omiso a todas las protestas de Miguel Angel.

La Capilla Sixtina fue iniciada por el tío de Julio, el Papa Sixto IV, en 1473. Era una capilla especial para orar, pero también se utilizaba como el lugar donde se elegían a los nuevos Papas. Julio creía que la decoración de la capilla era demasiado anticuada e insulsa. El cielo había sido cubierto de diminutas estrellas doradas sobre un fondo plano de color azul. Julio quería sustituirlo por figuras y pensó que Miguel Angel podría hacerlo bien. Miguel Angel estaba muy preocupado. Le dijo al Papa que no podría hacer el trabajo adecuadamente: el era escultor, no pintor.

Esta pintura del techo relata la historia bíblica de la *Expulsión de Adán y Eva del Jardín del Edén*. A la izquierda, Adán y Eva, felices, aceptan el fruto del conocimiento que les ofrece la mujer-serpiente. A la derecha, avergonzados y aterrorizados son expulsados del Jardín por haber desobedecido la prohibición de Dios.

Esto no era realmente cierto. Dos años antes, Miguel Angel había pintado una preciosa pintura en Florencia para la familia Doni, y estudió el arte de pintar con los hermanos Ghirlandaio en Florencia cuando era niño. Era un excelente pintor.

Pero Miguel Angel quería seguir con las esculturas para la tumba y quería evitar los problemas de aprender a pintar un techo a más de veinte metros sobre el suelo, la altura de un edificio de tres pisos. Sabía que esto le llevaría años. Sabía que tendría dificultades en el uso de la técnica especial empleada en paredes y techos conocida como pintura al «fresco». Sabía que toda su vida tendría que encargarse del techo de la Capilla Sixtina, ¡y tenía razón!

Le costó cuatro años de durísimo trabajo completar este gigantesco proyecto. Trabajaba solo

la mayor parte del tiempo, pues era demasiado perfeccionista como para soportar el descuidado trabajo de otros. Trabajaba en terribles condiciones. Para pintar, hizo un taburete especial que, reclinado a su lado, le permitía apoyar la cabeza. La pintura salpicaba su cara y su espalda era una agonía. No podía ver adecuadamente si no estaba mirando hacia arriba. Estaba solo y desanimado. Sus ropas estaban tan mugrientas que se pudrían sobre su cuerpo.

Su vida era miserable en muchos aspectos. El Papa Julio le importunaba continuamente y se olvidaba de pagarle. Una vez el Papa Julio llegó a golpearle con su bastón.

Pero, en el fondo de su alma, Miguel Ángel debió amar este trabajo y se dio cuenta de que era muy especial. Un artista no puede trabajar en el mismo lugar, en la misma cosa durante tanto tiempo, sin que se convierta en algo

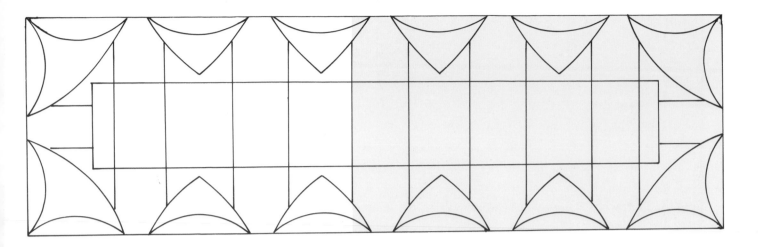

La fotografía de la izquierda muestra la segunda mitad del techo. Los paneles representan a Dios creando a Eva, a Adán y Eva siendo desterrados del paraíso, a Noé sacrificando un animal, a Dios enviando el diluvio y, finalmente, a Noé hallado ebrio por sus hijos.

Las lunetas son las pinturas sobre las ventanas de la Capilla Sixtina. Hay catorce lunetas pintadas. Miguel Angel las llenó de imágenes de los antepasados de Cristo. Los dos personajes representados abajo pertenecen a la luneta de Zorobabel, Abiud y Eliachim.

El techo de la Capilla Sixtina era un espacio enorme que Miguel Angel debía pintar. Para que te hagas una idea de su tamaño, observa la fotografía de la izquierda. La parte del techo que se ve en la fotografía está coloreada de azul en el plano superior. El techo tiene 40 × 14 metros; éste es aproximadamente el tamaño de dos pistas y media de tenis. Miguel Angel pintó más de 282 figuras en el techo (sin incluir las lunetas). Todo esto le ocupó cuatro años y cinco meses o alrededor de 1.512 días.

extraordinario. Hoy día, cuando la gente habla de Miguel Angel, lo que primero menciona es el techo de la Capilla Sixtina. Es una obra maestra. Nos muestra la historia de la creación del mundo, mediante una historia religiosa. Pero lo maravilloso es que no hay que pertenecer a una determinada religión para disfrutar de la pintura, porque la historia de Miguel Angel habla para todos. Habla de luz y oscuridad, de bondad y maldad, de creación y destrucción.

El techo de la Capilla Sixtina es una de las maravillas del mundo; un día si tienes ocasión deberías hacerle una visita. Las fotografías no comunican el poder de la pintura. Esta es arrolladora, inmensa, enérgica, brillante. Las 300 figuras parecen saltar del techo con tal fuerza que querrías taparte la cabeza para evitar que se estrellen contra ti.

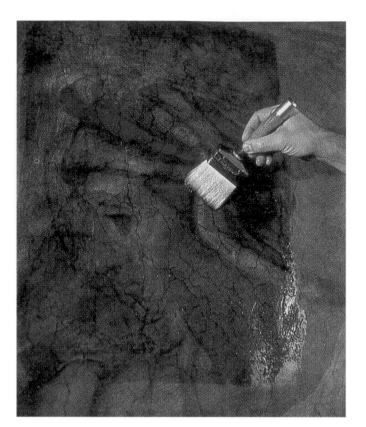

Restauración del techo

Algo maravilloso ha estado sucediendo en la Capilla Sixtina durante los últimos diez años. Un equipo de expertos ha estado limpiando el techo de siglos de suciedad, por lo que ahora podremos admirar el trabajo original de Miguel Angel. Han tardado diez años en limpiar la obra maestra que a Miguel Angel le costó cuatro años pintar, así que podéis imaginar cuán cuidadosamente han trabajado.

De forma lenta y segura, con esponjas empapadas en una mezcla especial de agua destilada y productos químicos, han ido quitando la oscuridad de la pintura de Miguel Angel y desvelando sus brillantes colores. Los que tomaban a Miguel Angel por un lóbrego artista, demasiado aficionado al negro, han tenido que pensarlo de nuevo. Los restauradores nos han demostrado que el negro se quita con un cuidadoso frotado de esponjas, revelando debajo intensos rosas, verdes limón y amarillos girasol.

El método usado por Miguel Angel para pintar el techo se conoce como pintura «al fresco». Esta es una técnica muy difícil. La pintura al fresco se

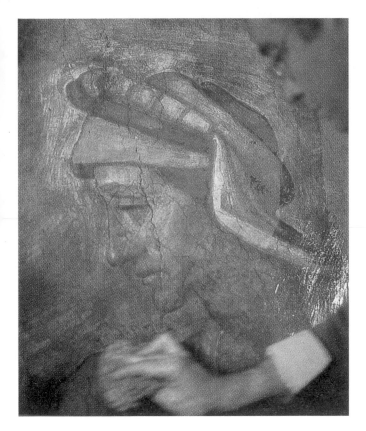

hace directamente sobre la pared del techo. El pintor sólo puede utilizar pintura especial fabricada moliendo minerales extraídos de la tierra. La pintura se mezcla con agua pura destilada y se aplica sobre una pared húmeda que ha sido cuidadosa y recientemente preparada. La pared está cubierta de un emplasto de cal, y ésta, al mezclarse con el agua de la pintura, sufre una reacción química. La pintura entra a formar parte del muro y ¡la única manera de quitarla es con un martillo! No se puede borrar el fresco frotando con un trapo húmedo. Así que se comprende que los restauradores del techo de la Capilla Sixtina no han quitado nada de lo que puso Miguel Angel.

Miguel Angel aprendió la técnica del fresco sobre la marcha. En algunas de las primeras escenas, la pintura no se prendía al techo. Si el emplasto está demasiado húmedo, al aplicar la pintura, los colores gotearán por la pared mezclándose. Si el emplasto está demasiado seco, la pintura no se mezclará con la cal y ésta se romperá. Si el emplasto no está en su punto, la pintura enmohecerá. Miguel Angel tuvo muchos problemas.

Los
últimos años

En 1536, Miguel Angel volvió una vez más a la Capilla Sixtina. Había pasado un cuarto de siglo. Tanto el mundo como el propio Miguel Angel habían cambiado. El ya no era joven y sufrió mucha soledad, ya que fue un hombre que hizo pocas amistades íntimas hasta el final de su vida.

En 1534 recibió el encargo de pintar el *Juicio Final* en la última pared de la Capilla Sixtina. Es tan lóbrego y triste como alegre y excitante es el techo de la Capilla Sixtina.

A pesar de todo, sería demasiado fácil decir que el resto de la vida de Miguel Angel fue

El Juicio Final (1534-41), en la pared del altar, representa el fin del mundo, cuando las almas son juzgadas y enviadas al cielo o al infierno. La imagen está tomada antes de la limpieza de la obra, en 1990. La pintura dice mucho acerca de cómo se sentía Miguel Angel, fatigado y triste, al aproximarse la vejez.

desdichada. Muchas de sus grandes esculturas son de esta época. Pintó, diseñó edificios y escribió delicada poesía. Su amistad con el joven noble romano Tommaso de Cavalieri le inspiró cantidad de dibujos y poemas. Su fe en Dios creció enormemente debido especialmente a su amistad con la piadosa noble Vittoria Colonna.

El 18 de febrero de 1564, Miguel Angel murió. Tenía casi noventa años, una edad excepcional para su tiempo. Estaba trabajando en una estatua.

Algunas fechas claves

	AÑO	EDAD	
	1475	0	Miguel Angel Buonarroti nace el 6 de marzo en Caprese, Toscana, Italia
Muere su madre	1481	6	
	1488	13	De aprendiz de los hermanos Ghirlandaio
Abandona el taller Ghirlandaio para entrar al servicio de Lorenzo de Medici	1490	15	
	1491/92	17	*Madona de los Pasos/Batalla de los Centauros*
Miguel Angel deja Florencia	1494	19	
	1497/99	24	*La Pietà* en San Pedro de Roma
David	1501	26	
Primer contrato para la tumba de Julio	1505	30	
	1506	31	*Laoconte* es descubierto en Roma
Miguel Angel firma el contrato para pintar el techo de la Capilla Sixtina	1508	33	
	1513	38	Muere el Papa Julio II
	1513/16	41	Esculturas del *Esclavo Atado*
	1529	54	Miguel Angel es empleado para diseñar las fortificaciones de la Ciudad de Florencia
Encargo para pintar *Juicio Final*. Muere su padre	1533/34	59	
Esculturas de *Leah* y *Rachel* para la tumba de Julio	1542/45	70	
	1555/56	81	Comienza la *Pietà Rondanini*
Diseña el modelo de la cúpula de San Pedro	1561	86	
	1564	89	Miguel Angel muere el 18 de febrero

31

Indice

El **número en negrita** indica una ilustración en esa página, en la que también se habla sobre el tema de la ilustración.